Tiergestützte Interventionen bei depressiven Störungen

Rafaela Stranz

Bibliografische Information der Deutschen Nationalbibliothek:

Die Deutsche Nationalbibliothek verzeichnet diese Publikation in der Deutschen Nationalbibliografie; detaillierte bibliografische Daten sind im Internet über http://dnb.d-nb.de abrufbar.

ISBN: 9783346579300
Dieses Buch ist auch als E-Book erhältlich.

Druck und Bindung: Books on Demand GmbH, Norderstedt Germany
Gedruckt auf säurefreiem Papier aus verantwortungsvollen Quellen

Das vorliegende Werk wurde sorgfältig erarbeitet. Dennoch übernehmen Autoren und Verlag für die Richtigkeit von Angaben, Hinweisen, Links und Ratschlägen sowie eventuelle Druckfehler keine Haftung.

Das Buch bei GRIN: https://www.grin.com/document/1169040

Tiergestützte Intervention

bei depressiven Störungen

Inhaltsverzeichnis

1. Einleitung

Im Verlauf der Domestizierung hat sich das Verhältnis zwischen Menschen und Tieren stetig gewandelt. In der heutigen Gesellschaft haben Tiere keinen reinen Nutzaspekt mehr. Häufig werden sie als Haustiere gehalten, wodurch ihnen eine emotionale Bedeutung zugeschrieben wird (Schneider & Vernooij, 2018, S. 2). Es liegt nahe, diese positive Bindung in Zusammenhang mit der menschlichen Gesundheit zu stellen und in Form von tiergestützter Intervention in die therapeutische Arbeit einzubinden.

Das Gebiet der tiergestützten Intervention wird seit den 1970er Jahren erforscht. Der aktuelle Erkenntnisstand legt nahe, dass der Umgang mit Tieren einen positiven Einfluss auf das menschliche Erleben und Verhalten hat. Allerdings finden sich in der Wissenschaft kaum empirisch bedeutende Erkenntnisse zu der Thematik (ebd., S. 26 f.).

Während tiergestützte Interventionen in den USA oder England weit verbreitet sind, finden sie in Deutschland vergleichsweise wenig Anwendung (Germann-Tillmann et al., 2019, S. 23). Dabei steigt die Zahl an psychisch Erkrankten hierzulande an. Besonders häufig treten depressive Störungen auf, welche erhebliche Folgeschäden in verschiedenen Bereichen des Lebens mit sich führen können (Deutsche Gesellschaft für Psychiatrie und Psychotherapie, Psychosomatik und Nervenheilkunde e.V., 2018). Die Relevanz des Themas wird bei einem Blick auf die Quantität an Betroffenen deutlich. Etwa 17 Prozent aller Erwachsenen in Deutschland sind einmal in ihrem Leben von einer schweren Depression betroffen (Gerring, 2016, S. 269).

Ziel der vorliegenden Arbeit ist es, einen Einblick in das Themenfeld der tiergestützten Intervention zu ermöglichen. Dies erfolgt anhand der Darstellung verschiedener Interventionsformen sowie einer Beschreibung relevanter Erklärungsansätze zu der Mensch-Tier-Beziehung. Außerdem sollen mögliche Auswirkungen der tiergestützten Intervention auf die Symptomatik von Patienten mit depressiven Störungen, unter Einbezug einer wissenschaftlichen Studie zu der Thematik, aufgezeigt werden. Angestrebt werden die Kenntnisnahme und vermehrte Berücksichtigung der tiergestützten Intervention als therapiebegleitende Behandlungsmethode bei depressiven Störungen.

2. Depressive Störungen

Im folgenden Kapitel wird das Krankheitsbild der depressiven Störungen erläutert. Dazu wird auf die festgelegten Diagnosekriterien der Erkrankung eingegangen, welche im International Statistical Classification of Diseases and Related Health Problems, Auflage 10 (ICD-10) klassifiziert sind. Des Weiteren erfolgt eine Beschreibung der stationären Behandlung von Patienten mit depressiven Störungen.

2.1 Krankheitsbild

Die depressiven Störungen zählen zu den affektiven Störungen, welche durch eine krankhafte Veränderung der Stimmungslage charakterisiert sind (Gerring, 2016, S. 569). Nach ICD-10 liegt eine depressive Episode vor, wenn über einen Zeitraum von zwei Wochen mindestens zwei der folgenden Symptome auftreten: (1) Depressive Stimmung, (2) Interessenverlust oder Verlust der Freude und (3) verminderter Antrieb oder gesteigerte Ermüdbarkeit. Hinzu kommen mindestens zwei Symptome einer Gruppe festgelegter Merkmale. Anhand des Verlaufs, der Schwere sowie der symptomatischen Ausprägungen werden depressive Störungen in differenzierte diagnostische Kategorien geordnet. Zur Beurteilung eignet sich eine Vielzahl an Messinstrumenten, z. B. standardisierte Interviews (Eid & Petermann, 2006, S. 541 f.).

Depressive Episoden können über einen längeren Zeitraum hinweg oder wiederkehrend auftreten und verlaufen individuell. Typische Beschwerden sind z. B. Traurigkeit, Schlafstörungen und ein geringes Selbstwertgefühl. In schweren Fällen kommt es zu Suizidalität (World Health Organization, 2020). Zudem ziehen sich viele Betroffene aus ihrem sozialen Umfeld zurück (Malecki, 2015, S. 11).

Jährlich sind über acht Prozent der deutschen Gesamtbevölkerung betroffen, wobei Frauen etwa zweimal häufiger erkranken, als Männer. Das Alter stellt keinen relevanten Faktor dar. Da schätzungsweise über die Hälfte aller depressiven Störungen unentdeckt bleiben, ist von einer hohen Dunkelziffer auszugehen. Die Rückfallwahrscheinlichkeit liegt bei ca. 50 Prozent und steigt mit jeder weiteren depressiven Episode deutlich an (Psychotherapeutenkammer NRW, 2019).

2.2 Stationäre Behandlung

Die reguläre Behandlung von Personen mit depressiven Störungen im stationären Rahmen erfolgt mittels ärztlicher, psychologischer und pflegerischer Einzel- und Gruppengespräche sowie psychotherapeutischer Einzel- und Gruppentherapien. Darüber hinaus können geeignete Begleittherapien absolviert werden, z. B. eine Ergotherapie (Malecki, 2015, S. 53). Bei mittelschweren bis schweren Ausprägungen empfiehlt sich eine zusätzliche medikamentöse Behandlung (World Health Organization, 2020).

3. Tiergestützte Intervention

Die tiergestützte Intervention schließt jegliche Methoden ein, bei welchen „Tiere unterstützend zum Wohle des Menschen" (Deutscher Tierschutzbund e.V., 2019) eingesetzt werden. Die Interaktion mit Tieren kann eine positive Wirkung auf das menschliche Erleben und Verhalten haben, z. B. können persönliche Fähigkeiten gestärkt oder psychische Symptome reduziert werden (Schervier-Vogt, 2013, S. 43).

Besonders Hunde eignen sich als Begleittiere der tiergestützten Intervention, da diese sehr einfühlsam auf den Menschen reagieren und diesen zur Interaktion ermutigen. Weiters sind Katzen, Kaninchen oder ähnliche Tiere geeignet. Beispielsweise kann das Streicheln ihres Fells beruhigend wirken. Auch Pferde fungieren als Begleittiere, z. B. verbessert therapeutisches Reiten oftmals die Körperwahrnehmung (ebd., S. 9 ff.).

Als Begründer der tiergestützten Intervention gilt der Kinderpsychotherapeut Boris Levinson, welcher in den 1960er Jahren durch den Einsatz eines Hundes während seiner Sitzungen erstmalig ein Tier in die therapeutische Arbeit mit Patienten einband. Daraufhin erweckte die Thematik das allgemeine Interesse. Heute wird die tiergestützte Intervention im pädagogischen, therapeutischen und sozialen Bereich angewandt (Schneider & Vernooij, 2018, S. 26 f.).

Im Folgenden werden die verschiedenen Formen der tiergestützten Intervention aufgeführt. Anschließend wird die Mensch-Tier-Beziehung unter Berücksichtigung der vorherrschenden Erklärungstheorien thematisiert.

3.1 Formen der tiergestützten Intervention

Im deutschen Sprachraum werden vier Kategorien der tiergestützten Intervention klassifiziert, welche ein unterschiedliches Anforderungsprofil voraussetzen sowie verschiedene Absichten verfolgen. Diese werden im folgenden Kapitel anhand einer Beschreibung des jeweiligen Aufbaus sowie der einzelnen Zielvorgaben dargestellt.

3.1.1 Tiergestützte Aktivität

Bei der tiergestützten Aktivität liegt der Fokus auf der Verbesserung des allgemeinen Befindens der betreffenden Person (Schneider & Vernooij, 2018, S. 46).

Dabei wird kein konkretes Behandlungsziel vorausgesetzt, sondern verschiedene abwechslungsreiche Aktivitäten zur Beschäftigung erfasst. Häufig erfolgt dies in Form eines Tierbesuchsprogramms (Germann-Tillmann et al., 2019, S. 50). Die tiergestützte Aktivität ist für Personen jeden Alters geeignet (Schneider & Vernooij, 2018, S. 46).

Weder das Begleittier, noch die durchführende Person muss speziell ausgebildet sein. Auch eine Protokollführung ist nicht notwendig (Delta Society, 1996, S. 49).

3.1.2 Tiergestützte Therapie

Die tiergestützte Therapie umfasst vorrangig Kompetenzen zur Lebensgestaltung, welche entsprechend eines Therapieplans mit operationalisierten Zielvorgaben erlernt und verbessert werden sollen (Schneider & Vernooij, 2018, S. 46 f.).

Durch systematisches Einbeziehen des Begleittiers in die reguläre Therapie der zu behandelnden Person, sollen deren psychische, emotionale und soziale Fähigkeiten gesteigert werden (Delta Society, 1996, S. 49). Außerdem wird eine Linderung der Beschwerden angestrebt. „Das genaue Konzept, der Tiereinsatz und das Therapieziel variieren nach konkreter Situation und vorliegender Störung" (Schervier-Vogt, 2013, S. 8). Geeignet sind Personen jeden Alters mit psychischen Erkrankungen (ebd., S. 46).

Das Begleittier muss speziell ausgebildet und entsprechend trainiert sein. Auch die durchführende Person muss eine angemessene heilberufliche Ausbildung sowie Zusatzausbildungen aufweisen können (Delta Society, 1996, S. 49). Außerdem erfolgt eine präzise Protokollführung, anhand welcher die Fortschritte regelmäßig ausgewertet und die Zielvorgaben angepasst werden (Schneider & Vernooij, 2018, S. 47).

3.1.3 Tiergestützte Pädagogik

Im Vordergrund der tiergestützten Pädagogik steht das Erreichen von Lernfortschritten (ebd., S. 46).

Mittels festgelegter Zielvorgaben sollen neue Fähigkeiten, wie z. B. Empathie, erlernt und ausgebaut werden. Außerdem sollen praktische Fertigkeiten verbessert werden, beispielsweise indem dem Begleittier vorgelesen wird. In der Regel wird die tiergestützte Pädagogik bei Kindern und Jugendlichen angewandt. Dazu werden Einrichtungen wie Schulen oder Kindergärten besucht (Schervier-Vogt, 2013, S. 8)

Während das Begleittier angemessen trainiert sein muss, muss die durchführende Person über festgelegte pädagogische Berufsqualifikationen verfügen. Unter Berücksichtigung der Zielvorgaben werden die Fortschritte regelmäßig protokolliert (Schneider & Vernooij, 2018, S. 47).

3.1.4 Tiergestützte Förderung

Bei der tiergestützten Förderung werden die persönlichen Ressourcen der betreffenden unter Einbezug eines individuellen Förderplans unterstützt und gestärkt, um einen Entwicklungsfortschritt zu erzielen.

Diese Form der tiergestützten Intervention ist besonders für Kinder mit kognitiven Beeinträchtigungen und Menschen in der Rehabilitation geeignet. Vorausgesetzt ist, dass das Begleittier speziell trainiert ist. Durch Protokollführung werden die Fortschritte festgehalten (ebd., S. 46 f.).

Zusammenfassend ist festzustellen, dass sich die dargelegten Formen der tiergestützten Intervention für verschiedene Wirkungsbereiche eignen. Durch die Vielseitigkeit der Strategien kann je nach Symptomatik der zu behandelnden Person die passende Methode gewählt und individuell angepasst werden (Schneider & Vernooij, 2018, S. 6). Die Entwicklung und Erweiterung persönlicher Fähigkeiten und Dispositionen ist ein gemeinsames Ziel aller beschriebenen Interventionsformen (ebd., S. 25).

3.2 Mensch-Tier-Beziehung

Nachdem Levinson die ersten positiven Auswirkungen der tiergestützten Arbeit im therapeutischen Bereich beobachten konnte, stellte sich die Frage nach den Grundlagen für die Bindung zwischen Mensch und Tier. Verschiedene Theorien, welche sich mit der Mensch-Tier-Beziehung auseinandersetzen, wurden entwickelt. Im Folgenden werden die Kernaussagen dreier relevanter Erklärungsansätze erläutert (ebd., S. 26).

Die Biophilie-Hypothese beschreibt eine angeborene emotionale Affinität des Menschen zu seiner Umwelt und den darin befindlichen Organismen. Dieses evolutionär verankerte Gefühl der Verbundenheit kann sich individuell unterschiedlich ausprägen und basiert auf verschiedenen biologischen Aspekten, welche teils bewusst und teils unbewusst ablaufen (ebd., S. 4 f.).

Das Konzept der Du-Evidenz charakterisiert die menschliche Fähigkeit, ein anderes Individuum bewusst als ein solches wahrzunehmen und damit angemessen umzugehen. Die Du-Evidenz ist sowohl in der zwischenmenschlichen Interaktion, als auch im Umgang mit Tieren entscheidend. Sie erfolgt autonom und ermöglicht den Aufbau einer emotionalen Mensch-Tier-Beziehung, welche einer zwischenmenschlichen Bindung gleichgestellt werden kann (ebd., S. 7 ff.).

Außerdem können Aspekte der Mensch-Tier-Beziehung aus der Bindungstheorie abgeleitet werden, welche die Auswirkungen von frühkindlichen Bindungen auf die sozial-emotionale Entwicklung umfasst. Ein sicheres Verhältnis zu Bezugspersonen ist z. B. hinsichtlich der künftigen Vertrauensfähigkeit relevant. Auch Tiere können als Bindungsobjekte fungieren und bedeutende Bindungserfahrungen schaffen (ebd., S. 10).

Bei Betrachtung der dargelegten Erklärungsansätze über die Mensch-Tier-Beziehung ergibt sich die Annahme, dass zwischen Mensch und Tier eine natürliche Affinität besteht. Insgesamt stellt sich heraus, dass die Bindung zu einem Tier sehr bedeutend für die menschliche Entwicklung und die allgemeine Lebensqualität einer Person sein kann (Schneider & Vernooij, 2018, S. 10 f.).

4. Wirksamkeit

Eine Vielzahl an Veröffentlichungen zu diesem Forschungsgebiet entspricht nicht den wissenschaftlichen Kriterien und gilt demnach nicht als empirisch aussagekräftig. Dennoch ist daraus abzuleiten, dass die tiergestützte Intervention eine Reihe von Wirkungseffekten im sozial-emotionalen, im kognitiven sowie im biologisch-physischen Bereich mit sich bringen kann (Schneider & Vernooij, 2018, S. 146).

Im Folgenden wird eine Studie des Klinikums Marienheide zusammengefasst, welche sich mit der Wirksamkeit tiergestützter Interventionen bei depressiven Störungen auseinandersetzt. Diese fungiert als Leitlinie der darauffolgenden Darstellung relevanter Auswirkungen auf die Symptomatik depressiver Personen, welche der tiergestützte Umgang mit sich bringen kann. Anschließend wird der subjektive Bericht einer Betroffenen in Hinsicht auf die Erkenntnis der vorliegenden Arbeit dargelegt.

4.1 Studie des Klinikum Marienheide

In einer Crossover-Studie der Allgemeinpsychiatrie des Klinikum Marienheide wurde von März bis November 2011 unter der Leitung von Dr. Andreas Sabottka und Mareike Doll-Degenhardt der Effekt von tiergestützten Interventionen auf depressive Störungen untersucht. Ziel der Studie war es, eine Reduktion der depressiven Symptomatik durch die tiergestützte Begleittherapie festzustellen.

Insgesamt nahmen 28 stationäre Patientinnen und 18 stationäre Patienten mit mittelschweren bis schweren depressiven Symptomen teil. Das Durchschnittsalter der

Teilnehmenden lag bei 39 Jahren. Vor Beginn der Datenerhebung wurde die Schwere ihrer depressiven Symptomatik mittels des diagnostischen Messinstruments Beck-Depressions-Inventar II (BDI-II) erfasst (Malecki, 2015, S. 40 f.). Daraufhin erfolgte eine zufällige Zuteilung der Teilnehmenden in zwei Gruppen (ebd., S. 35).

Die erste Gruppe wurde über einen Zeitraum von vier Wochen hinweg zusätzlich zu ihrer regulären Behandlung insgesamt acht halbstündigen tiergestützten Interventionen mit Hunden unterzogen (Malecki, 2015, S. 35). In den Sitzungen bewältigten Mensch und Tier gemeinsame Aufgaben, beispielsweise das Lernen neuer Kommandos (ebd., S. 46). Währenddessen absolvierte die zweite Gruppe ihre reguläre Behandlung (ebd., S. 35). Nach vier Wochen wurden beide Gruppen erneut dem BDI-II unterzogen (ebd. S. 41). Daraufhin wurden die Behandlungsmethoden der beiden Gruppen ausgetauscht und weitere vier Wochen beobachtet (ebd., S. 35). Am Ende der Untersuchungen erfolgte eine erneute Erfassung der depressiven Symptomatik durch das BDI-II (ebd. S. 41).

Nach der Auswertung der Messungen des BDI-II ergab sich der Befund, dass sich die Gesamtheit der depressiven Symptomatik während der tiergestützten Interventionen signifikant reduziert hatte. Besonders die Suizidalität war gesunken (ebd., S. 39).

Aus den Studienergebnissen ist abzuleiten, dass sich depressive Symptome durch tiergestützte Interventionen als Begleittherapie schneller reduzieren lassen, als unter den bisherigen Behandlungsmethoden (ebd., S. 53 f.).

4.2. Mögliche Auswirkungen

Die möglichen Auswirkungen einer tiergestützten Intervention auf die Symptomatik depressiver Störungen sind vielseitig und variieren je nach Patientin oder Patient, nach Tier sowie nach unterschiedlichen Wirkmechanismen. Aufgrund dessen kann im konkreten Einzelfall lediglich eine eingeschränkte Ergebnisprognose gestellt werden (Germann-Tillmann et al., 2019, S. 61).

Im weiteren Verlauf des Textes erfolgt eine Erläuterung der möglichen Effekte von tiergestützten Interventionen auf die depressive Symptomatik betroffener Personen. Angesichts der Breite an möglichen Auswirkungen liegt der Fokus dabei auf einer Auswahl an Aspekten, welche in der Literatur als vorrangig relevant angesehen werden.

4.2.1 Allgemeine Stimmung

Depressive Verstimmung ist ein Hauptsymptom depressiver Störungen (Eid & Petermann, 2006, S. 541). Aufgrund dessen ist die Verbesserung der allgemeinen Stimmung als erstrebenswerte Absicht der tiergestützten Intervention zu erachten.

Dafür stellt die Anwesenheit eines Bindungsobjekts einen relevanten Aspekt dar (Germann-Tillmann et al., 2019, S. 32). Menschen neigen dazu, Tiere wie Menschen zu behandeln, z. B. durch das Zuschreiben menschlicher Fähigkeiten. Daraus entwickelt sich eine emotionale Verbundenheit, welche z. B. dazu veranlasst, mit dem Tier zu sprechen. In der tiergestützten Intervention wird dadurch der Aufbau einer sozialen Bindung ermöglicht, welche stützend und Vertrauen schaffend auf die zu behandelnde Person wirken kann (Schneider & Vernooij, 2018, S. 14 f.). Folglich wird das Bedürfnis nach Gemeinschaft und Geborgenheit durch den Kontakt zum Begleittier befriedigt, was zur Stimmungssteigerung bei depressiven Patienten führen kann (Peters, 2011). Dies war in der beschriebenen Studie festzustellen, nachdem die Teilnehmenden über mehrere Sitzungen hinweg denselben Hund zugeteilt bekamen und teilweise emotionale Bindungen zu ihren Begleittieren aufgebaut hatten (Malecki, 2015, S. 46 f.).

Außerdem haben das angenehme Fell des Begleittiers, seine Körperwärme sowie seine regelmäßige Atmung eine beruhigende Wirkung (Schneider & Vernooij, 2018, S. 166). Typische Symptome einer depressiven Störung sind Angstzustände und emotionaler Stress (Eid & Petermann, 2006, S. 540). Beides kann durch Entspannung deutlich gelindert werden (Schneider & Vernooij, 2018, S. 166). Zudem ist eine positivere Bewertung von Erregungszuständen zu beobachten (ebd., S. 122). Der beschriebenen Studie ist zu entnehmen, dass ein solcher Entspannungszustand z. B. durch Streicheln ausgelöst wird und über mehrere Tage hinweg anhalten kann (Peters, 2011).

Zusammenfassend ist festzuhalten, dass sich der Gemütszustand durch die Anwesenheit eines Begleittiers bessern kann. Zum einen fungiert dieses als bedürfnisbefriedigendes Bezugsobjekt, zum anderen wirkt dessen Gegenwart beruhigend. Daraus ergibt sich, dass die tiergestützte Intervention einen positiven Einfluss auf die allgemeine Stimmung depressiver Personen nehmen kann (Malecki, 2015, S. 46 f.).

4.2.2 Selbstkonzept

Viele der Betroffenen entwickeln eine gestörte Selbstwahrnehmung, was das Selbstwertgefühl massiv beeinträchtigen kann. Neben fehlendem Selbstvertrauen und haltlosen Schuldgefühlen sind Einschränkungen in diversen Lebensbereichen die Folge (Eid & Petermann, 2006, S. 540 ff.). Demnach ist die Förderung eines realistischen Selbstkonzepts als relevantes Bestreben der tiergestützten Intervention einzuschätzen.

In der Mensch-Tier-Beziehung erfolgt die Verständigung via analoger Kommunikation. Begleittiere reagieren sehr sensibel auf non-verbale Signale (Schneider & Vernooij, 2018, S. 20 f.). Zusätzlich nehmen sie unbewusste Signale auf und konfrontieren den Erkrankten damit, wodurch die eigenen Stärken und Schwächen zur Kenntnis genommen werden (ebd., S. 132). Häufig nehmen sich depressive Personen als Versager wahr (Malecki, 2015, S. 10). Deshalb kann das emphatische Verhalten des Begleittiers leichter akzeptiert werden, als hinter menschlichen Aussagen gezielte Absichten zu vermuten und sich deshalb nicht auf die Problematik einzulassen. Statt sich zu rechtfertigen, wird sich auf das Vermittelte sowie dessen Bezug zu den eigenen Emotionen konzentriert (Germann-Tillmann et al., 2019, S. 36). Das Begleittier hilft, „Sinnesleistungen, Sinneseinschränkungen oder auch Sinnesverluste wahrzunehmen, zu reflektieren und anzunehmen" (Olbrich & Otterstedt, 2003, S. 98).

Eine realistische Selbstwahrnehmung ermöglicht es der betreffenden Person, die eigenen Emotionen und Fähigkeiten zu reflektieren. Gemeinsam mit dem Therapeuten können entsprechende Verhaltensstrategien entwickelt werden. Daraus resultiert das Empfinden von Handlungskompetenz, welche das Selbstwertgefühl aufbaut (Schneider & Vernooij, 2018, S. 132). Infolgedessen kann es zur Besserung einiger depressiver

Symptome kommen. Beispielsweise basieren Selbstvorwürfe häufig auf einem geringen Selbstwertgefühl, weshalb diese reduziert werden könnten (Eid & Petermann, 2006, S. 541). Auch durch das Bestreiten einer Herausforderung kann das Selbstwertgefühl steigen (Malecki, 2015, S. 64). Nach Angaben der beschriebenen Studie, war dieser Effekt besonders vorhanden, wenn die Teilnehmenden eine positive Rückmeldung von dem Begleittier erhielten, z. B. bei erfolgreichem Führen des Hundes durch einen Hindernisparcours (Peters, 2011).

Resümierend lässt sich sagen, dass durch analoge Kommunikation mit dem Begleittier eine gesunde Wahrnehmung der eigenen Persönlichkeit aufgebaut werden kann. Dadurch kann eine Stärkung des Selbstwertgefühls erfolgen, was Auswirkungen auf verschiedene Lebensbereiche nehmen kann. Zusätzlich hilft positives Feedback des Begleittieres. Demnach kann bei depressiven Personen die Bildung eines realistischen Selbstkonzepts durch die tiergestützte Intervention gefördert werden.

4.3 Subjektiver Bericht einer Betroffenen

Am Mittwochvormittag, den 26.02.2020 traf ich mich mit meiner Bekannten M., welche seit einigen Jahren wiederkehrende depressive Symptome mit variierender Stärke und Dauer aufweist. Sie hatte sich dazu bereit erklärt, in einem offenen Dialog von ihren Erfahrungen zu berichten. Das Gespräch wurde aufgezeichnet. Im Folgenden werden die relevanten Aspekte zusammengefasst und in Bezug zu den bisherigen Erkenntnissen der vorliegenden Arbeit gesetzt.

Seit zehn Jahren leide M. immer wieder an depressiven Episoden und sei in therapeutischer Behandlung. Eine besonders schwere Phase habe sie vor knapp zwei Jahren erlitten. In dieser Zeit sei sie von einer tiefen Traurigkeit eingenommen gewesen, aufgrund welcher sie jegliche Aktivitäten als mühsam und sinnlos empfunden habe. Sie habe den ganzen Tag im Bett gelegen und sei weder bei der Arbeit erschienen, noch habe sie essen können. Eines Abends habe ihr Nachbar sie gebeten, auf seinen Hund aufzupassen. Sie habe ablehnen wollen, doch sei ohnehin schon von Schuldgefühlen geplagt gewesen. Als sie den Hund bei sich hatte, habe sie sich so gut gefühlt, wie lange nicht. Kurz darauf habe sie sich ihren Hund Buddy zugelegt, welcher seither ihren Alltag begleite und während einer depressiven Episode ihre größte Stütze sei. Allein seine Gegenwart baue sie auf. Er gebe ihr das Gefühl, gebraucht zu werden und nie alleine zu sein. Außerdem hätte sie endlich einen Antrieb, das Haus zu verlassen. Schon wenn sie zur Leine greife, wedle er mit dem Schwanz. Dank ihm sehe sie wieder einen Sinn im Leben, wodurch sie deutlich besser mit der Krankheit klarkomme.

Obwohl M. mit ihrem Hund Buddy nicht im therapeutischen Kontext arbeitet, ist ihre Aussage als eine interessante Bereicherung der vorliegenden Arbeit anzusehen. So ist es möglich, die aufgeführten theoretischen Befunde mit der subjektiven Sichtweise einer betroffenen Person abzugleichen.

M. scheint Buddy eine signifikante Rolle in ihrem Leben zuzuschreiben. Ihrer Aussage ist eine emotionale Verbindung zu ihm zu entnehmen. Wie in Kapitel 4.2.1 beschrieben, dient die Anwesenheit eines Bindungsobjekts der Besserung der allgemeinen Stimmung (Germann-Tillmann et al., 2019, S. 32). Diese wird zusätzlich durch die Befriedigung ihres Gemeinschaftsbedürfnisses, nicht alleine zu sein, erhöht (Peters, 2011).

Wie in Kapitel 4.2.2 erläutert, ist der Aufbau des Selbstwertgefühls entscheidend für die Stärkung des Selbstkonzepts (Schneider & Vernooij, 2018, S. 132). Mit ihrem Hund steht M. ständig vor der Bewältigung einer Aufgabe, z. B. Gassi gehen. Das stärkt das Selbstwertgefühl (Malecki, 2015, S. 64). Darüber hinaus erhält sie regelmäßig positive Rückmeldungen von Buddy, z. B. indem er mit seinem Schwanz wackelt. Somit trägt Buddy erheblich zur Bildung eines gesunden Selbstkonzepts bei (Peters, 2011).

Daraus ist schlusszufolgern, dass Buddy einen positiven Einfluss auf die depressive Symptomatik von M. hat. Er fungiert als bedeutendes soziales Bindungsobjekt, weshalb der Mensch-Tier-Kontakt ihre allgemeine Stimmung hebt. Zusätzlich stärkt er ihr Selbstwertgefühl, woraus ein gesundes Selbstkonzept resultieren kann. Insgesamt ist die gewonnene Erkenntnis vergleichbar mit den theoretischen Befunden der vorliegenden Arbeit. Es ist davon auszugehen, dass die beschriebenen Aspekte einen relevanten Faktor in der tiergestützten Intervention bei depressiven Patienten darstellen.

5. Schlussfolgerung

Zusammenfassend ist festzuhalten, dass die tiergestützte Intervention als chancenreiche Behandlungsmethode für Menschen mit depressiven Störungen zu erachten ist. Die Einsatzbereiche und Wirkmechanismen sind vielfältig und ein positiver Effekt auf die Symptomatik ist beobachtbar.

In der vorliegenden Arbeit wurden die Formen tiergestützter Interventionen dargestellt, welche sich jeweils für unterschiedliche Wirkungsbereiche eignen. Die natürliche Affinität zwischen Mensch und Tier sowie die Suche nach sicheren Bindungen konnten als relevante Faktoren in der Mensch-Tier-Beziehung herausgestellt werden. Des Weiteren wurde der positive Einfluss der tiergestützten Intervention auf die allgemeine Stimmung sowie auf das Selbstkonzept depressiver Personen aufgezeigt. Unter Einbezug einer Studie des Klinikum Marienheide zu dieser Thematik sowie eines subjektiven Berichts einer Betroffenen, war der therapeutische Umgang mit Tieren als ein positiver Einfluss auf verschiedene Lebensbereiche einzustufen. Diese Arbeit ermöglicht einen begrenzten Einblick in das breite Themenfeld der tiergestützten Intervention und deren Auswirkungen auf die menschliche Gesundheit.

Neben den positiven Folgen der tiergestützten Intervention, sind auch einige Nachteile in der Arbeit mit Tieren zu beachten. Beispielsweise müssen im Vorfeld Aspekte wie Hygienevorschriften, Allergien und ethische Prinzipien berücksichtigt werden. Die Sicherheit der zu behandelnden Person sowie des Begleittiers muss gewährleistet sein.

Ob die tiergestützte Intervention künftig bei Menschen mit depressiven Störungen vermehrt Anwendung finden wird, bleibt abzuwarten. Zur Ermittlung eindeutiger Befunde sind allerdings weitere empirische Untersuchungen notwendig.

Es empfiehlt sich, neue Forschungen zu diesem Themengebiet anzusetzen. Die Möglichkeit, eine depressive Symptomatik durch tiergestützte Interventionen schneller reduzieren zu können, wäre ein bemerkenswerter wissenschaftlicher Erkenntnisgewinn von großer gesellschaftlicher Relevanz. Aufgrund dessen empfiehlt sich in jedem Fall die Auseinandersetzung mit der Thematik.

6. Quellenverzeichnis

V1: Literatur

- Delta Society. (1996). *Animal-Assisted Therapy Standards of Practice*. Renton: Delta Society.

- Eid, M., Petermann, F. (2006). *Handbuch der Psychologischen Diagnostik*. Göttingen: Hogrefe.

- Germann-Tillmann, T., Merklin, L., Stamm Näf, A. (2019). *Tiergestützte Interventionen: Praxisbuch zur Förderung von Interaktionen zwischen Mensch und Tier* (2. Aufl.). Bern: Hogrefe.

- Gerring, R. J. (2016). *Psychologie* (20. Aufl.). Hallbergmoos: Pearson.

- Olbrich, E., Otterstedt, C. (2003). *Menschen brauchen Tiere: Grundlagen und Praxis der tiergestützten Pädagogik und Therapie*. Stuttgart: Kosmos.

- Schneider, S., Vernooij, M. A. (2018). *Handbuch der tiergestützten Intervention* (4. Aufl.). Wiebelsheim: Quelle & Meyer.

V2: Internetquellen

- Deutsche Gesellschaft für Psychiatrie und Psychotherapie, Psychosomatik und Nervenheilkunde e.V. (2018). *Psychische Erkrankungen in Deutschland: Schwerpunkt Versorgung.* Abgerufen am 25.02.2020 von https://www.dgppn.de/_Resources/Persistent/f80fb3f112b4eda48f6c5f3c68d23632a03ba599/DGPPN_Dossier%20web.pdf.

- Deutscher Tierschutzbund e. V. (2019). *Tiergestützte Intervention - Menschen helfen, Tiere schützen.* Abgerufen am 27.02.2020 von https://www.tierschutzbund.de/fileadmin/user_upload/Downloads/Broschueren/Tiergestuetzte_Interventionen.pdf.

- Malecki, D. (2015). *Wirksamkeit hundegestützter Therapie bei Depression.* Abgerufen am 01.03.2020 von https://studylibde.com/doc/9973595/wirksamkeit-hundegestützter-therapie-bei-depression.

- Peters, F. (2011). *Tiergestützte Therapie bei Depressionen.* Abgerufen am 24.02.2020 von https://www.heilpraxisnet.de/naturheilpraxis/tiergestuetzte-therapie-bei-depressionen-405.php.

- Psychotherapeutenkammer NRW. (2019). *Zahlen & Fakten: Depression.* Abgerufen am 25.02.2020 von https://www.ptk-nrw.de/de/mitglieder/publikationen/ptk-newsletter/archiv/ptk-newsletter-spezial/zahlen-fakten-depression.html.

- Schervier-Vogt, A. I. (2013). *Der Einfluss Tiergestützter Therapie auf die Befindlichkeit und das Verhalten dezenter und depressiver Patienten in der Gerontopsychiatrie.* Abgerufen am 24.02.2020 von https://mediatum.ub.tum.de/doc/1177037/1177037.pdf.

- World Health Organization. (2020). *Depression.* Abgerufen am 25.02.2020 von https://www.who.int/news-room/fact-sheets/detail/depression.